AF242525

LE
SALUT DE LA FRANCE

OU

LA RÉPUBLIQUE CONSTITUTIONNELLE

DE M. THIERS

Par Prosper COLLARD

QUATRIÈME ÉDITION

PARIS

E. LACHAUD, LIBRAIRE-ÉDITEUR

PLACE DU THÉATRE-FRANÇAIS, 4

1876

SALUT DE LA FRANCE

OU

LA RÉPUBLIQUE CONSTITUTIONNELLE

DE M. THIERS

Par Prosper COLLARD

QUATRIÈME ÉDITION

PARIS

E. LACHAUD, LIBRAIRE-ÉDITEUR

PLACE DU THÉATRE-FRANÇAIS, 4

1876

NOTE DE L'AUTEUR

Le salut de la France ou la *République constitutionnelle de M. Thiers*, dont cet opuscule est l'objet, n'est autre chose que la 4ᵉ édition du même opuscule intitulé le salut de la France ou la *fusion de toutes les opinions, de tous les partis*, dont les trois premières éditions sont épuisées, de 1871 à 1874. Le grand homme d'Etat, au milieu de nos désastres, a pris une trop large part dans la direction des affaires pour ne pas lui en attribuer en quelque sorte toute l'action : c'est *M. Thiers*, on ne peut le contester, qui a préparé l'avénement de la République constitutionnelle, malgré les intrigues toujours mouvantes de l'extrême droite et de l'extrême gauche, deux minorités dont les efforts désormais seront vains, en présence de l'imposante majorité des deux chambres. Cette majorité contribuera, nous en avons l'intime confiance, *au salut de la France*, à l'affermissement de la République constitutionnelle de M. Thiers.

P. C.

HOMMAGE A M. WADDINGTON

MINISTRE DE L'INSTRUCTION PUBLIQUE
PRÉSIDENT DU CONSEIL GÉNÉRAL DE L'AISNE

MONSIEUR LE MINISTRE,

Vous avez été appelé, par M. le Président de la République, l'illustre maréchal de Mac-Mahon, à travailler d'une manière plus spéciale à la régénération de notre belle France ; il vous plaira, j'en ai la confiance, d'agréer la quatrième édition de cet opuscule, faible essai de mon patriotique dévoûment pour le salut de mon pays.

Veuillez, Monsieur le Ministre, agréer simplement mon hommage, comme il vous est simplement offert.

PROSPER COLLARD,
Chef d'Institution,
Membre de plusieurs sociétés savantes.

Ribemont (Aisne), le 1er juin 1876.

LE
SALUT DE LA FRANCE

OU

LA RÉPUBLIQUE CONSTITUTIONNELLE

DE M. THIERS

Six années, bientôt, se sont écoulées depuis l'effondrement de l'empire. La guerre étrangère et la guerre civile ont désolé le pays ; et l'Assemblée nationale, en se retirant après de longs et pénibles travaux, a enfin consolidé la grande œuvre de la régénération publique : la fusion de toutes les opinions, de tous les partis ; en un mot, *le salut de la France* ou la République constitutionnelle de M. Thiers.

Il suffit de voir la situation où sont aujourd'hui les esprits et les affaires, pour savoir si ce but a été atteint ; et si, dans la longue série de nos agitations intestines, l'œuvre périlleuse du 4 septembre sera un dénoûment ou une crise ; ce sera, nous ne pouvons en douter maintenant, une œuvre de *Salut*. Nous en avons pour garants, et la noble attitude du Président de la République, M. le Maréchal de Mac-Mahon, et le généreux concours du sénat et de la chambre des députés.

Dans les écrits et dans les discours de tous les partis, nous voyons un amour exalté du bien public, un dévoûment sans borne à la vérité, ou à ce qu'on prend pour la vérité ; nous trouvons un vif désir de contribuer au perfectionnement de la société, d'assurer le bonheur, la prospérité, la gloire de la patrie. C'est là un but commun que proclament tous les hommes politiques ; aucun d'eux ne souffrirait qu'on lui attribuât des motifs étrangers à ce but. Il n'y a donc aujourd'hui de dissentiment que sur les moyens de l'atteindre. Républicains, hommes du centre, hommes de la droite, hommes de la gauche, tout le monde veut assurer la plus grande somme de bien-être ; et dans la ligue des opinions vraies ou erronées qu'on a embrassées, tout le monde déploie du courage et du talent.

Quoi ! tant de générosité ne servirait qu'à perpétuer, parmi nous, les collisions et les désordres ; à rendre les passions plus violentes et plus implacables ! avec tant d'éléments de vie, la France périrait ? Non, cela ne sera pas, cela ne peut pas être ! Il y a évidemment, au fond de nos différends, quelque question mal posée qui les prolonge ; il y a quelque malentendu qu'il faut absolument rectifier par la discussion et la bonne foi. Dans toutes les opinions qui ont de la force et de la durée, il y a quelque vérité mêlée aux erreurs humaines ; car c'est par la vérité seulement que ces opinions saisissent les cœurs généreux, qu'elles les attachent et les passionnent. Il faut donc chercher à démêler ce qu'il y a de bon et d'utile au fond des erreurs de tous les partis ; c'est la tâche qu'a entreprise l'illustre *M. Thiers*, qui, en s'entourant de véritables patriotes, sincèrement dévoués au salut de la France, a montré, pour ainsi dire du doigt, à tous ses enfants, sur quels points ils ne s'accordent pas, sur quels points ils peuvent s'accorder et s'entendre. Tout le monde a applaudi à ces généreux efforts que M. le Maréchal de Mac-Mahon, après M. Thiers, conduira à bonne fin, nous ne pouvons en douter. Jamais homme n'aura accompli une plus belle mission.

Depuis 89, la France a passé par tous les régimes. On a tout essayé ; il n'est pas de système social qu'on n'ait voulu lui appliquer ; aucun jusqu'ici ne lui a donné le repos, aucun n'a pu mettre ses forces morales en harmonie et en équilibre.

Est-ce la faute de la France ? est-ce la faute de tous ces régimes : y a-t-il, dans l'esprit français, quelque chose d'inquiet et de capricieux qui rende cette nation ingouvernable ? ou plutôt, y a-t-il, dans tous les systèmes de gouvernement auxquels on l'a soumise, depuis quatre-vingts ans, quelque vice radical, quelque infirmité originelle qui ait empêché ces systèmes de durer, qui ait précipité leur ruine ?

L'hypothèse que la France soit ingouvernable s'évanouit devant le témoignage de l'histoire : la France est la seule société politique qui, dans une existence de plus de quatorze siècles, ne présente aucune difficulté sur la forme du gouvernement. A la vue de cette imposante image, la pensée se rejette sur la seconde hypothèse ; et, pour la résoudre, on se demande si chacun de ces systèmes n'avait pas sa cause particulière d'instabilité ; ou s'il n'y avait pas en eux un vice originel qui, commun à tous, aurait entraîné leur destruction.

On remarque d'abord, comme principe et comme conséquence tout à la fois de la révolution de 89, l'*Indépendance nationale*, cette grande voix de la nation, cette grande voix du peuple, qui, dans cette époque de régénération sociale, et depuis aussi, n'a cessé de se faire entendre en disant : Peuples, que tout cesse, que tout disparaisse ! peuples, plus de seigneurs, plus de dîmes ! et cette voix continua : Plus de priviléges, plus de distinctions héréditaires ! et elle ajouta : Égalité pour tous devant la loi, avec liberté de travailler, liberté de gagner, liberté de penser, liberté de parler, liberté d'écrire ! Et cette grande voix fut à l'instant obéie : les fleuves, les rivières continuèrent bien de couler dans leurs rives ; les montagnes, les villes demeurèrent bien à leur place ; mais la France changea subitement de face ; et à la fin de ce long drame féodal, d'une durée de tant de siècles, tous les acteurs se retirèrent, ou pour changer de costume, ou pour ne plus reparaître sur la scène ! En un mot, l'indépendance de la nation se montra au grand jour, en signant à tout jamais l'abolition de l'ancien régime.

Depuis cette époque, avons-nous déjà dit, on a passé par des régimes nouveaux. Il ne se sont si rapidement succédé, il faut bien l'avouer, qu'à cause de la lutte acharnée qui s'établit entre l'indépendance de la nation et les partisans de l'ancien régime, en un mot, entre *la liberté et l'esclavage* : lutte bien regrettable, sans doute, qui de nos jours assurera enfin le triomphe à l'Indépendance nationale, à la *liberté!*

Mais on se demande quel intérêt a présidé, dans cette lutte, à cet enchaînement de régimes si disparates ?

Est-ce un intérêt national ? comment le croire, puisque le bonheur et les trésors de la France lui ont été sacrifiés ! est-ce quelque idée libérale et philanthropique, ou quelques-unes de ces vérités sociales qui importent à la civilisation tout entière ? Mais on a fait, successivement, de la liberté et de l'esclavage, de la tolérance et de l'intolérance, de la licence et du despotisme, de l'ordre légal et de l'arbitraire : la République, la terreur, le despotisme impérial, la charte octroyée et la charte retournée, dans le sens de la souveraineté du peuple d'abord et appliquée ensuite au suffrage universel, sous un nouveau despotisme impérial, ne sauraient appartenir au même ordre d'idées, au même principe de civilisation !

Il est temps de le dire, ce n'est ni une maxime sociale, ni une pensée philanthropique, ni un intérêt national qui a présidé à un enchaînement de régimes si disparates, mais un fait purement matériel, disons mieux, une *action* qui n'a sa source que dans l'orgueil de l'homme, dans la présomption, dans la perversité de notre époque : c'est une de ces déviations qui, parfois, ont égaré la civilisation dans sa marche, une de ces lésions à l'ordre universel, qui, créant une série de faits en opposition avec la nature des choses, maintiennent, au sein des sociétés, les perturbations, les discordes, les guerres sanglantes, les conflits de volontés et d'efforts, et produisent enfin, comme nous en avons été les témoins, des conflagrations dont les conséquences sont incalculables !

Qui ne conclura de tout cela que la *division des opinions et des partis*, est l'unique cause aujourd'hui de la *destruction* du pouvoir public et de l'affermissement de la commune patrie ? La France, depuis quatre-vingts ans, a été privée de la moitié de ses capacités dans tous les genres : Pendant la révolution de 93, on a vu, sur la plage de Quiberon, toute l'élite de la marine française moissonnée par des canons français, en présence de la marine anglaise ; l'exil, les proscriptions, les échafauds ont privé la patrie de ses plus généreux défenseurs, des talents qui eussent fait sa gloire ; les Lavoisier, les André Chénier, les Vergniaud, les Barnave, tous les grands orateurs de nos assemblées ont été confondus dans la fatale charette avec les martyrs du principe d'hérédité ; les Condé, les d'Enghien, les Lescure et les La Rochejaquelein ont épuisé dans les guerres civiles, un sang qui aurait cimenté la puissance de la France, s'il eût été répandu en combattant les étrangers.

Depuis 1814 jusqu'en 1830, que d'habiles généraux, que de brillants orateurs, que de publicistes éclairés, engagés dans la lutte violente des partis, ont été privés de servir l'État ? Les Foy, les Benjamin Constant, les Casimir Périer, les Lamarque, les Cormenin, ont été éloignés, les uns des armées, les autres des affaires, en se montrant les zélés défenseurs des libertés publiques. Les poëtes et les autres écrivains n'ont eu que la moitié de leur part de gloire : MM. Casimir Delavigne, Béranger, Cousin, Thierry, et une foule de spirituels auteurs qui heurtaient les idées d'un parti, en flattant les passions de l'autre, n'obtenaient que de bruyantes acclamations au milieu du silence glacial de l'opinion qu'ils offensaient. S'il n'y eût pas eu de division dans les principes politiques, ils n'auraient blessé personne, ils auraient charmé tout le monde. L'unanimité qui existait pour admirer leurs talents se serait retrouvée pour les applaudir.

Depuis la révolution de 1830, le mal que nous signalons n'a fait que s'accroître. Non-seulement toutes les capacités qui s'étaient formées dans nos assemblées, qui s'étaient mûries dans les affaires : des maréchaux de France, des généraux illustres, des hommes d'État, des administrateurs ont disparu de la scène politique, avec la dynastie qu'ils défendaient. Les plus grands hommes de notre époque : les Thiers, les Casimir Périer, les Dufaure, et tant d'autres que nous voyons autour de nous, comme les Waddington, les Henri Martin, nos compatriotes, ont été retenus en dehors du gouvernement. On a vu des publicistes de talent et de caractère, relégués et discrédités comme des rêveurs et des théoriciens, quand ils n'ont pas été livrés à la justice comme des boute-feux et des anarchistes ! eux qui, aujourd'hui pour le bonheur de la France, sont encore là pour la sauver de l'anarchie !

Et de nos jours, dans ces temps d'illusions bonapartistes, dans ces temps surtout de guerre étrangère et de guerre civile, que n'avons-nous pas vu, et que ne voyons-nous pas encore? sinon le même tableau, avec des couleurs plus marquées, plus tranchantes et plus sombres! Hâtons-nous de jeter un voile sur ces scènes de scandale et d'horreur!

N'est-il pas temps enfin que tout cela finisse? Qui ne voit tout ce que la division des opinions et des partis a de funeste pour le salut de la patrie? Qui ne comprend que tous les talents, toutes les lumières, toutes les facultés des Français, sont la propriété de la France. Sa supériorité ne se compose-t-elle pas de toutes les supériorités? son ascendant moral ne se compose-t-il pas de toutes les intelligences? sa vitalité n'est-elle pas le concours et l'accord de tous les mouvements énergiques des esprits et des cœurs? Si la France pouvait disposer de tous ses enfants, elle serait la première nation du monde! Si toutes les lumières qu'elle recèle étaient réunies dans un seul foyer, ce foyer deviendrait bientôt le phare conducteur du genre humain.

Après une vaine tentative de restauration monarchique, les centres se sont rapprochés, l'entente s'est faite entre les hommes les plus conciliants des partis; *c'est le trait d'union* qui sauve la France de l'anarchie, en fondant la République constitutionnelle.

Combien ne faut-il pas que cette France, la nation-reine, soit tombée dans l'opinion d'un peuple barbare, pour que son roi ou son soi-disant empereur puisse s'attribuer la mission de rectifier la civilisation en Occident! Cette mission c'est celle de la France, de la France, qui, depuis tant de siècles, marche en tête des idées du monde, de la France, qui, dans d'autres temps déjà, sut conserver son *unité*, quand l'Allemagne, aujourd'hui enivrée de ses victoires, avait perdu la *sienne*; de la France, qui, en un demi-siècle, compte autant d'esprits élevés que l'Allemagne compte aujourd'hui de sabres et de baïonnettes! Que le prétendu empereur d'Allemagne n'oublie pas que son empire doit la vie à un rayon de lumière civilisatrice que la Prusse est venue dérober à la France, à diverses époques, toutes récentes encore, de notre histoire contemporaine.

Hommes généreux de toutes les opinions et de tous les partis, nous vous appelons tous, au nom de la patrie en danger. Quand un vaisseau est battu par la tempête, et en même temps en proie à l'incendie, tous ceux qui sont à bord, hommes de l'équipage et passagers, tous courent à la manœuvre ou aux pompes. Nous sommes tous aujourd'hui embarqués sur un vaisseau dans cette position : ce vaisseau, ce navire s'appelle la France, grand et beau vaisseau qui, à travers bien des orages, toujours à la veille de périr, et toujours préservé, marche vers un port encore caché sous le regard clairvoyant de Dieu. Si ce vaisseau périt, nous périssons avec lui corps et biens, et ce n'est qu'en le sauvant que nous pouvons être sauvés. Sauvons donc notre chère patrie ; examinons nos voies, déposons nos propres volontés, dégageons-les de toute arrière-pensée, de toute velléité d'usurpation sur les droits de la France ; qu'aucune vanité puérile ne nous empêche d'embrasser la vérité politique qui seule peut la sauver. Qui n'a pas une erreur à lui sacrifier ? Qui, dans cette époque de prestige d'où nous sortons, n'a pas eu sa part d'illusion ? Quel être humain a trouvé l'infaillibilité dans ce chaos de faits et d'idées ? Cette lumière que nous saluons aujourd'hui, elle ne vient pas des esprits, mais des événements ; elle ne donne rien à l'orgueil de la terre, c'est le ciel qu'elle glorifie : ce que nous voyons, tout le monde le voit ; ce que nous disons, tout le monde le pense et le dit.

Il faut bien l'avouer, l'esprit de notre siècle a été emprisonné dans un cercle étroit, au milieu de la confusion et des ténèbres : c'est un grand châtiment sans doute amené par quelque grande faute ! Que de cœurs généreux, que de puissants génies se sont épuisés en vains efforts pour sortir de cette prison, pour s'ouvrir une carrière de gloire dans l'immensité qui est leur domaine ! Cette force mystérieuse à laquelle on ne peut donner que ce nom, *le mouvement*, a constamment prévalu contre tous les efforts. Qui ne voit maintenant que ce *mouvement* est la rotation du cercle dans lequel est renfermée la France ? De là, l'instabilité des gouvernements, les revirements de la fortune politique, les continuelles subversions qui mettent dessous ceux qui étaient dessus, et dessus ceux qui étaient dessous. De là le déplacement des intérêts, l'éphémère durée des réputations, les variations des écrivains, les parjures même ; car quelles forces morales peuvent empêcher de tomber les corps qui se précipitent ? Ce *mouvement* impérieux, irrésistible, le voilà sur le point de s'accomplir ; une issue se présente pour sortir du cercle. Cette issue, au dire de M. Thiers, *la plus grande autorité politique de France*, ne peut être que le gouvernement du pays par le pays, c'est-à-dire un gouvernement *franchement libéral, basé sur les principes du système constitutionnel.* Le pouvoir public ne saurait se refaire, à notre avis, que dans cette *forme mixte* de gouvernement confirmé par la volonté nationale ; c'est là que tous les intérêts moraux et matériels doivent se donner rendez-vous ; c'est là le point où doivent se rallier tous les Français, tous les véritables patriotes, enfin les hommes de toutes les opinions, de tous les partis. *Non, la France n'oubliera pas que c'est l'union qui fait la force !*

Aussi, est-ce dans ce sens, sans doute, que M. Thiers a dit tout d'abord, et dit encore aujourd'hui : « *Travaillons unanimement à la réorganisation du pays, la grande œuvre de la régénération publique,* » paroles d'un grand sens politique, puisqu'elles sont destinées à concourir au salut de la France. Déjà les élections générales des deux chambres sont entrées dans cette voie, et les élections complémentaires, loin d'en dévier, ont marché d'un pas sur vers ce but tant désiré : la confirmation de la République constitutionnelle.

Les gouvernements constitutionnels commencèrent à prendre faveur vers la fin du xviii° siècle, sous la puissante impulsion de Montesquieu. Ils sont tous imités, avec plus ou moins de bonheur, de la constitution anglaise. On crut d'abord qu'ils étaient le résultat d'un contrat librement consenti entre les diverses classes de l'État, avec l'approbation du souverain ; mais il a été depuis démontré que le gouvernement constitutionnel est né en Angleterre, peu à peu et du choc souvent violent des intérêts de l'aristocratie normande, *les conquérants*, contre ceux de la classe populaire ou saxonne, les *vaincus*.

Cette constitution est, en effet, une espèce de compromis entre ces deux classes qui se combattaient sans cesse, et dont la seconde, très-faible d'abord et parlant en suppliante, a fini par devenir l'égale de l'autre et peut-être par la dominer. C'est exactement ce qui se passe en France depuis nombre d'années.

Le gouvernement constitutionnel que l'on appelle encore système pondéré, c'est-à-dire système d'équilibre, dans lequel une volonté fait toujours contre-poids à une autre volonté, consiste dans la division des pouvoirs entre trois pouvoirs politiques, tels que nous les avons aujourd'hui en France :

1° Le Président de la République ou chef du pouvoir exécutif; 2° la chambre haute ou sénat, qui représente les dignitaires de la nation, dont plusieurs partisans de l'hérédité; 3° la chambre des députés, qui représente plus particulièrement les intérêts du peuple. Le système constitutionnel tient donc le milieu entre la légitimité de dynastie et la souveraineté du peuple : le gouvernement *absolu et la démocratie*; et, toujours en équilibre entre ces deux extrêmes, il tend constitutionnellement à pencher vers l'un des deux; c'est dans cette oscillation incessante que les partisans de ce système font consister sa perfection. Aussi, ne doit-on pas s'étonner aujourd'hui que la France se rallie tout entière à ce système sous une *république franchement libérale*, telle qu'a voulu l'implanter sans doute parmi nous l'illustre *M. Thiers*, celui qui a si bien dit : « que la République est le gouvernement qui nous divise le moins. »

C'en est fait, les questions se simplifient, les anciennes dénominations de partis n'ont plus de sens; les opinions que les événements ont déçues se rapprochent et s'entendent. Les erreurs et les désordres sont passés; les abus ont été dévorés par le vaste incendie qui a parcouru la France; le sol est déblayé; le présent se dégage, l'avenir se laisse entrevoir. Après les nuits de la Ligue et de la Fronde, nous avons eu le soleil de Louis XIV. Après les révolutions qui, depuis 89, ont sans cesse agité la France, après les horreurs encore toutes récentes de la Commune, un grand siècle va naître du triomphe de la vérité. Le champ est vaste à parcourir : il y a des succès pour tous les nobles efforts, de l'emploi pour toutes les intelligences, de la prospérité pour tous les intérêts : Belles-Lettres, Beaux-Arts, Industrie, Commerce, Agriculture, venez dans une voie nouvelle donner à la France une gloire nouvelle !

Les éléments en sont tout prêts, les sentiments généreux fermentent dans tous les cœurs, les talents fleurissent dans toutes les classes, tous les étages de l'édifice social sont illuminés. L'esprit est partout ; les jeunes générations de la France sont impatientes de s'emparer de leur héritage ; tous ces éléments n'ont besoin que d'être placés dans les voies de la vérité, pour réaliser toute leur valeur, pour briller de tout leur éclat !

Il faut que cette ère soit proche, puisque nos faibles yeux l'ont aperçue.

PROSPER COLLARD.

APPÉL

Au corps enseignant, à tous les membres de l'enseignement public ou libre, à tous ceux enfin qui, à quelque titre que ce soit, portent un sincère intérêt à l'éducation de la jeunesse.

Mes chers coopérateurs,

Depuis trop longtemps, on a tout sacrifié à l'ambition, à l'intérêt personnel. Après une longue attente, après tant de troubles et de revers, un gouvernement sage et modéré est enfin inauguré, sous l'administration de M. le maréchal de Mac-Mahon, président de la République. L'homme illustre qui nous gouverne, en régénérant la France aux sources pures et fécondes de la religion bien entendue, dégagée d'entraves, rétablira l'ordre social si violemment ébranlé ! Donnons, oui, donnons la main à ce gouvernement dont les efforts surhumains, dans les dangers de la patrie, conserveront à la France son honneur national.

La grande affaire de la République, ne l'oublions pas, ce sera l'affaire de l'éducation de la jeunesse qui fait cause commune avec la religion. Que l'éducation soit comme un levain sacré d'où sortira la France régénérée : *Il faut enfin que chacun apprenne enfant ce qu'il doit savoir étant homme.* Car, comme dit la divine inspiration de l'Écriture, « l'homme conserve, jusque dans la vieillesse, les principes bons ou mauvais qu'il a contractés dans sa jeunesse. » Aussi, tout vrai gouvernement est-il fondé sur ce grand principe de l'éducation ; c'est là sa loi, sa nécessité.

Permettez-moi de vous dire, bien chers coopérateurs, que cette cause sacrée de l'éducation de la jeunesse m'est d'autant plus chère, à moi, que je m'y rattache doublement par les liens du sang et de l'honneur : mon père, compatriote et parent de *M. Royer-Collard*, qui fut en 1815 président de la Commission d'instruction publique, a consacré toute sa vie à l'éducation, carrière honorable, s'il en fût jamais, *mais en France trop peu honorée*, à laquelle, comme mes deux frères décédés, j'ai voué les plus belles années de ma vie.

Espérons qu'une nouvelle ère, pour l'éducation de la jeunesse surtout, va s'ouvrir dans notre malheureuse France, si abaissée, si tombée, je ne dirai pas dans l'opinion des peuples, mais du moins d'un peuple victorieux qui prétendrait en vain nous donner des leçons de civilisation. C'est dans cet espoir que, pour le *salut de la France*, nous demandons si ardemment, dans cet opuscule, la fusion de toutes les opinions, de tous les partis.

Veuillez aussi, je vous prie, en agréer simplement l'hommage.

Prosper COLLARD,

Chef d'institution, membre de plusieurs Sociétés savantes.

Ribemont (Aisne), le 1er juin 1876.

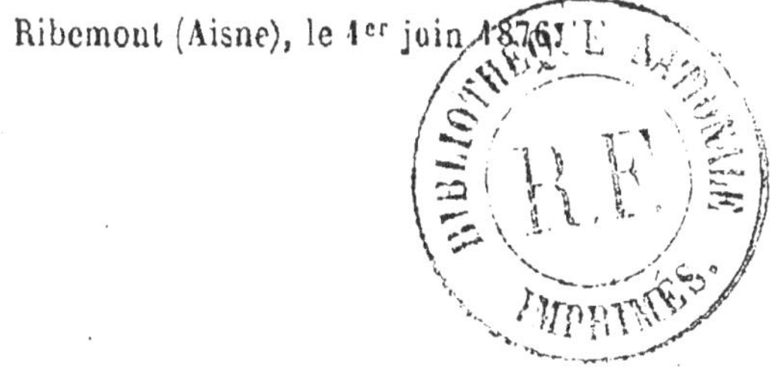

PARIS. — IMP. VICTOR GOUPY, RUE DE RENNES, 71.

www.ingramcontent.com/pod-product-compliance
Lightning Source LLC
Chambersburg PA
CBHW061632050726

47595CB00007B/3186